Dott. Piero Antonio Esposito

Libro III

Delle problematiche in tema di spazi comuni, regolamenti condominiali, ripartizione dei costi in relazione alle tabelle millesimali

della collana
"Manuale Tecnico del Condominio e dell'Amministratore"

I Edizione

A.I.A.S.
Associazione Italiana Amministratori Superiori
www.aiasitalia.com

Dott. Piero Antonio Esposito

Finito di stampare nel mese di agosto 2015.

ISBN 978-88-944560-4-2

Dott. Piero Antonio Esposito

Dott. Piero Antonio Esposito

Dott. Piero Antonio Esposito

Libro III

Delle problematiche in tema di spazi comuni, regolamenti condominiali, ripartizione dei costi in relazione alle tabelle millesimali

Dott. Piero Antonio Esposito

INDICE

Dott. Piero Antonio Esposito

Titolo III
Della ripartizione dei costi in relazione alle tabelle
millesimali   **pag. 51**

Dott. Piero Antonio Esposito

Titolo I

Delle problematiche degli spazi comuni

Capo I

Delle servitù nel condominio e il D.L. 78/2010

In caso di instaurazione in un fabbricato (ossia al contratto del primo atto di vendita) vengono costituite servitù di vario tipo:
- o a carico di parti comuni ed a vantaggio di unità di appartenenza;
- o a carico di proprietà a vantaggio di altri possedimenti esclusivi o di parti comuni.

Riguardo all'applicazione della disciplina del DL. 78/2010, bisogna distinguere:
nel caso di servitù costituite a carico di parti comuni condominiali, la disciplina del DL. 78/2010 non troverà applicazione, in quanto le parti comuni condominiali (a prescindere dalle modalità di loro accatastamento come beni comuni non censibili o come beni comuni censibili) restano sempre al di fuori del perimetro di applicazione della disciplina dettata dal DL. 78/2010.

Le soluzioni nel caso di servitù costituite a carico di proprietà esclusive, sono diverse:
la disciplina del DL. 78/2010 troverà piena applicazione il fondo servente consista in una "unità immobiliare urbana" ossia in un'unità che sia (o che debba essere in base alla normativa vigente) accatastata al catasto dei Fabbricati con deposito di planimetria catastale ed

attribuzione di rendita; la disciplina del DL. 78/2010 non troverà impegno ogniqualvolta il fondo servente consista in un edificio o in una porzione immobiliare che non possa farsi rientrare tra le "unità immobiliari urbane" tali da dover essere accatastate al catasto dei Fabbricati con attribuzione ad una categoria ordinaria (si pensi ad un'area ancora censita al catasto terreno, ad un ente denunciato al catasto dei fabbricati con attribuzione ad una categoria fittizia F1, F2, F3, F4, F5).

Un tipico caso è quello della servitù costituita a carico di un'unità censita al catasto dei fabbricati con pianta, con assegnazione ordinaria e con identificazione di rendita, censita al bene principale cui è dominato.
Si pensi al caso di una servitù di attraversamento pedonale a carico della corte competente di un' appartamento, quando sia l'appartamento sia la corte risultano accatastate singolarmente e raffigurate nell'unica pianta catastale presentata al catasto.

Capo II

Dell'osservanza della disciplina del D.L. 78/2010

Al riguardo sono state propugnate due diverse soluzioni:
Una prima soluzione, più rigorosa, propende per la piena applicazione, anche nel caso di specie, del D.L. 78/2010; si è osservato, al riguardo, come l'area abbia ormai perso la sua autonomia funzionale e sia divenuta parte integrante e imprescindibile del fabbricato cui è asservita, al punto da esser raffigurata nella planimetria unitamente all'abitazione stessa.

Il dato catastale quindi rappresenterebbe un'immobile ormai da considerarsi nella sua unitarietà come "unità immobiliare urbana", e come tale soggetto, in toto, alla disciplina dettata dall'art. 19, c. 14. DL. 78/2010.

L'altra soluzione, più possibilista, propende, invece, per l'inapplicabilità, nel caso di specie, del D.L. 78/2010, a condizione che, nell'atto di costituzione della servitù, oltre ad essere riportato il dato catastale riferito all'intero immobile, venga anche inserita una precisazione volta a limitare la servitù alla sola area scoperta (magari da individuarsi nel suo tracciato su apposito elaborato grafico da allegare all'atto); in questo modo si sarebbe in presenza di una servitù a carico di area scoperta, come tale esclusa dall'ambito di applicazione del D.L. 78/2010.
Non esistono argomenti testuali, ricavabili dal D.L. 78/2010, che possano preferire la deliberazione più rigorosa anziché la deliberazione più possibilista.

Nell'azione si sono registrati comportamenti che hanno utilizzato l'una o l'altra deliberazione, in assenza di indirizzi interpretativi uniformi.
Si consiglia di seguire la soluzione più rigorosa (con conseguente applicazione della disciplina del D.L.78/2010), al fine di evitare ogni possibile contestazione in ordine alla validità dell'atto costitutivo di servitù (tenuto anche conto della mancanza di una interpretazione giurisprudenziale univoca).

Altro argomento, sollevato in assetto alle servitù che vengono a formarsi in circostanza della creazione di un fabbricato, è quello attinente agli impianti comuni, posti a beneficio delle varie unità del fabbricato, che possono essere messi nei muri o nelle aree di competenza di unità di proprietà esclusiva.

Si suggerisce di "disporre una regola unica, per così dire polivalente, da inserire in ogni atto del nuovo condominio che valga per qualusiasi servitù creata dall'atto medesimo" (in particolare si è suggerito di inserire i dati e i riferimenti alle piante catastali e di integrare la dichiarazione di conformità "anche con riferimento alle unità immobiliari di proprietà dell'alienante dove la servitù potrebbe nascere ...").

Gli impianti di distribuzione dei servizi (gas, energia elettrica, acqua, ecc.) non sono di proprietà dei singoli condomini, in quanto non sono posti solo a servizio di una singola unità.

Quindi non è neppure configurabile una servitù dove il proprietario del fondo prevalente abbia il diritto di mantenere impianti di sua proprietà che consentano al fondo di allacciarsi ai servizi pubblici.

Gli impianti di distribuzione dei servizi sono essi stessi "parti comuni condominiali", in quanti posti a servizio di tutte le unità facenti parte del condominio (e ciò sino al punto di diramazione nelle proprietà esclusive).

In questo senso dispone l'art. 1117, c. 1, n. 3, c.c.: "sono oggetto di proprietà comune dei proprietari delle singole unità immobiliari dell'edificio [...] i sistemi centralizzati di distribuzione e di trasmissione per il gas, per l'energia elettrica, per il riscaldamento ed il condizionamento dell'aria, per la ricezione radiotelevisiva e per l'accesso a qualunque altro genere di flusso informativo, anche da satellite o via cavo, e i relativi collegamenti fino al punto di diramazione ai locali di proprietà individuale dei singoli condomini, ovvero, in caso di impianti unitari, fino al punto di utenza, salvo quanto disposto dalle normative di settore in materia di reti pubbliche".

Se un comproprietario ha diritto a servirsi degli impianti di spartizione dei servizi è perché sono parti comuni condominiali e non perché è a suo beneficio una servitù.

Nemmeno i proprietari delle unità dove sono messi gli impianti di spartizione possono interrompere l'utilizzo "condominiale" degli impianti stessi.

L'art. 1122 c.c. dispone che "nell'unità immobiliare di sua proprietà [...] il condomino non può eseguire opere che rechino danno alle parti comuni ovvero determinino pregiudizio alla stabilità, alla sicurezza o al decoro architettonico dell'edificio."

Addirittura, l'art. 1122Bis c.c. consente al singolo condomino di installare "impianti non centralizzati per la ricezione radiotelevisiva e per l\'accesso a qualunque altro genere di flusso informativo, anche da satellite o via cavo" a condizione che siano "realizzati in modo da recare il minor pregiudizio alle parti comuni e alle unità immobiliari di proprietà individuale, preservando in ogni caso il decoro architettonico dell'edificio, salvo quanto previsto in materia di reti pubbliche".
Dunque, il proprietario ha il diritto di collocare impianti di ricevimento anche su unità| di proprietà esclusiva di altri condomini, e ciò in virtù del diritto che deriva dalla norma in spiegazione (senza che sorga una servitù).

Si può parlare al riguardo di limiti legali al diritto di proprietà, derivanti dal fabbricato e discendenti dagli artt. 1117 e segg. c.c.
Al riguardo non vi è posto per l'applicazione del D.L. 78/2010.

La dottrina del DL. 78/2010 trova esercizio quando il fondo servente consista in una "unità immobiliare urbana" ossia in un'unità che sia accatastata al catasto dei fabbricati mediante pianta catastale e conferimento di reddito; ciò avviene anche nel caso in cui la servitù riguardi una parte della stessa, parte che se denunciata liberamente al catasto rientrerebbe tra le categorie fittizie, dimostrasi nel caso delle aree scoperte di corte.

In altri casi (come nel caso che fondo servente sia una parte comune condominiale, un terreno o un bene accatastato in categoria fittizia F1, F2, F3, F4, F5) non si applica il D.L.78/2010.

Per gli impianti di ripartizione dei servizi non si va a costituire servitù a carico delle unità di proprietà esclusiva dove sono collocati gli impianti.
Al riguardo si può parlare di "limiti legali alla proprietà" derivanti dalla struttura condominiale del condominio e discendenti dagli artt. 1117 e segg. c.c.; pertanto è esclusa l'applicabilità del DL. 78/2010.
Ciascun proprietario può usufruire del bene comune e delle parti comuni dell'edificio purché ai sensi dell'art. 1102 cod. civ., non venga cambiata la

destinazione del bene comune, né vengano bloccati gli altri partecipanti di farne uso secondo il loro diritto.

Il fabbricato non ha nessun diritto di usufruire del bene comune in modo inconsueto se tale bene determina problematiche nell'ambito del diritto di altri condomini, in questo caso è riconosciuto il diritto del singolo proprietario di usare dei vani delle scale e dei pianerottoli collocando davanti alle porte d'ingresso alla sua proprietà zerbini, tappeti, piante o altri oggetti ornamentali. (Cass. civ., 20 giugno 1977, n. 2589).

E' chiaro come la collocazione dello zerbino, di una pianta o di un portaombrelli, non costituisca un abuso nell'uso di spazi comuni.
Un tale sfruttamento si risolve normalmente in un favore estetico, piacevole per le stesse parti comuni della struttura.

Sezione I

Della responsabilità civile per i danni cagionati da cose in custodia

La fattispecie di cui all'articolo 2051 del codice civile individua un'ipotesi di responsabilità oggettiva, essendo sufficiente per l'applicazione della stessa la sussistenza del rapporto di custodia tra il responsabile e la cosa che ha dato luogo all'evento lesivo.

Per ciò, non assume rilievo in sé la violazione dell'obbligo di custodire la cosa da parte del custode, la cui responsabilità è esclusa solo dal caso fortuito, fattore che attiene non ad un comportamento del responsabile, ma al profilo causale dell'evento, riconducibile in tal caso non alla cosa che ne è fonte immediata ma ad un elemento esterno.

Ne consegue l'inversione dell'onere della prova in ordine al nesso causale, incombendo sull'attore la prova del nesso eziologico tra la cosa e l'evento lesivo e sul convenuto la prova del caso fortuito.

A norma dell'art. 1102, comma 1, c.c., il condomino di un edificio ha il diritto di usare dei vani delle scale, in genere, e dei pianerottoli, in particolare, collocando davanti alle porte d'ingresso alla sua proprietà esclusiva zerbini, tappeti e piante o altri oggetti ornamentali (ciò che normalmente si risolve in un vantaggio igienico-estetico per le stesse parti comuni dell'edificio), ma tali modalità d'uso della cosa comune trovano un limite invalicabile nella particolare destinazione del vano delle scale e nella esistenza del rischio generico già naturalmente connesso all'uso delle scale stesse, non potendo tale rischio essere legittimamente intensificato mediante la collocazione di dette suppellettili nelle parti dei pianerottoli più vicine alle rampe delle scale, in maniera da costringere gli altri condomini a disagevoli o pericolosi movimenti, con conseguente violazione del canone secondo cui l'uso della cosa comune, da parte di un comunista, non deve impedire agli altri comunisti un uso tendenzialmente pari della medesima cosa.

I pianerottoli, quali elementi essenziali della scala di accesso ai diversi piani dell'edificio in condominio, sono per presunzione di legge, salvo diverso titolo, in comproprietà fra tutti i condomini.

Pertanto, la loro utilizzazione da parte dei singoli condomini è soggetta alla disciplina propria dell'uso individuale della cosa comune, con la conseguenza che è del tutto legittima la creazione di un secondo ingresso ad un appartamento di proprietà esclusiva, in corrispondenza del pianerottolo antistante, ove non limiti il godimento degli altri condomini e non arrechi pregiudizio all'edificio ed al suo decoro architettonico.

Non è applicabile la disciplina della responsabilità per danni riconducibili a cose in custodia di cui all'art. 2051 c.c. alla caduta di un individuo che, scivolando su di uno zerbino posizionato nell'atrio condominiale, si provochi lesioni personali.

Sezione II

Della gestione degli spazi condominiali comuni

Poter posteggiare il proprio veicolo all'interno della corte condominiale è un considerevole favore; ciononostante il regolamento delle aree comuni non è così semplice.
È chiaro che tale competenza incontra dei limiti non solo nelle caratteristiche dei cortili attinenti ai singoli edifici, eccessivamente piccoli per parcheggiare tutte le autovetture, ma anche in regolamentazioni pubbliche e private.

Capo III

Della comproprieta' condominiale dei posti auto

Sono molto frequenti i casi in cui, piuttosto che trasferire la proprietà e/o costituire un diritto reale, lo scopo viene perseguito rimanendo nell'ambito condominiale dei posti auto, e riconoscendo ai singoli condomini un diritto di uso esclusivo.

Le espressioni "diritto esclusivo" o "uso esclusivo" o "godimento perpetuo" che frequentemente ricorrono nella consuetudine dei regolamenti condominiali, sono inadeguate, in quanto creano ambiguità sulla costituzione giuridica del diritto che si è voluto formare in connessione alla reale disposizione delle parti.

L'art. 1117, c. 1, n. 2, cod. civ. (nel testo così modificato dalla legge 11 dicembre 2012 n.220) stabilisce che sono parti comuni condominiali, se non risulta il contrario dal titolo, le aree destinate a parcheggio, il suolo su cui sorge l'edificio, i muri, i pilastri, i tetti, ecc. (art. 1117, c. 1, n.1, c.c.), le opere e gli impianti per l'uso comune, quali ad es. gli ascensori, i pozzi, le cisterne, gli impianti idrici e fognari, ecc. (art. 1117, c. 1, n. 3, c.c.), le parti comuni sussidiarie, al fine di un miglior godimento del condominio e dei servizi offerti, quali ad es. l'alloggio del custode, la lavanderia, gli stenditori e le aree di sosta (art. 1117, c. 1, n. 2, c.c.).
Un edificio può non avere necessariamente un'area destinata a parcheggio e non è detto che un'area scoperta, adibita a parcheggio, debba considerarsi una parte comune ex art. 1117: ciò può essere escluso dal titolo ,attraverso il riconoscimento ai singoli proprietari della proprietà o di altri diritti reali sui posti auto, riconoscimento che toglie la condominialità dei posti auto; non è detto che un'area scoperta di un immobile condominiale debba per ciò stesso considerarsi area destinata a parcheggio, rientrante nell'ambito di applicazione dell'art. 1117, c. 1, n. 2, c.c.; tutto dipende dalla destinazione impressa all'area medesima.

Valgono a tale riguardo le precisazioni avente:
- a) titolo con cui vengono trasferite le unità del condominio (dove si può decidere tra le parti che l'area scoperta dev'essere destinata al parcheggio);
- b) la sede più appropriata per la destinazione di tutte le parti comuni

che non sono necessarie, con destinazione che può essere rimessa dai condomini.

Una destinazione può essere in qualsiasi momento modificata, nel rispetto della procedura ora disciplinata dall'art. 1117ter c.c. (nel testo introdotto ex novo dalla legge 11 dicembre 2012n. 220): "per soddisfare esigenze di interesse condominiale ,l'assemblea, con un numero di voti che rappresenti i quattro quinti dei partecipanti al condominio e i quattro quinti del valore dell'edificio, può modificare la destinazione d'uso delle parti comuni".

Vale solo per i posti auto, ubicati su area condominiale, che non rientrino nella cd. "riserva" di cui all'art. 41sexies legge 17 agosto 1942 n. 1150, norma che così dispone: "nelle nuove costruzioni ed anche nelle aree di pertinenza delle costruzioni stesse, debbono essere riservati appositi spazi per parcheggi in misura non inferiore ad un metro quadrato per ogni dieci metri cubi di costruzione".

Ad esempio, il condominio nel quale siano stati creati dei posti auto nelle proporzioni di cui alla norma citata (1 mq ogni 10 mc di costruzione), posti auto trasferiti in proprietà ai singoli condomini, e nel quale siano stati individuati ulteriori posti auto anche nell'area scoperta condominiale: per questi ultimi, realizzati in eccesso rispetto al rapporto di legge, e di proprietà condominiale, non vi sono vincoli di sorta, con la conseguenza che i condomini possono, con le maggioranze di cui all'art. 1117 ter c.c., cambiare la destinazione d'uso dell'area scoperta, rinunciando ai posti auto, per altre destinazioni più utili.

Non sarà possibile se i posti auto, previsti nel progetto edilizio per garantire il rispetto del rapporto funzionale di cui all'art. 41 sexies legge 17 agosto 1942 n. 1150, sono ricavati nell'area scoperta condominiale: in questo caso la destinazione a parcheggio non è "negoziabile", in quanto imposta da norme di carattere pubblicistico, per cui non si pone neppure un problema di verifica della destinazione dell'area stessa in base al titolo o al regolamento di condominio; la destinazione a posti auto, in questo caso, non può essere modificata per decisione dei comproprietari.

La condominialità dei posti auto concede a ciascun comproprietario un impiego, uno sfruttamento misto dei posti auto stessi; si pensi, ad esempio, al cortile condominiale di fatto usato dai condomini per la sosta a "turnazione" dei veicoli (nel senso che la corte è a sistemazione di tutti i condomini per la sosta senza termine nessuno ma anche senza alcun diritto esclusivo).

Questa modalità di utilizzo può garantire a ciascun condomino il migliore utilizzo della cosa comune, senza "impedire agli altri condomini di farne uso".
Un uso ripartito può garantire, meglio di un uso promiscuo e privo di regole, un'organizzazione dei posti auto comuni, evitando varie questioni o problematiche tra condomini, assicurando a ciascun condomino l'utilizzo del bene comune.

Questo sarà possibile se sarà consentito a ciascun condomino di utilizzare l'area comune, sulla quale vi sono i posti auto.
Tale condizione potrà considerarsi verificata nei seguenti casi:
quando sia stato ricavato un numero pari al numero dei condomini, così da consentire a ciascun condomino l'utilizzo di almeno un posto auto, senza escludere nessun condomino dall'utilizzo.

Quando sia stato ricavato un numero di posti auto inferiore al numero dei condomini, se ne è previsto un utilizzo a "turnazione", così da non escludere, neppure in questo caso, nessun condomino dal godimento della cosa comune; nel caso ove nella corte abituale sia stato prodotto un numero di posti auto più basso del numero di tutti i condomini, in caso di stabile "parziale" (ossia se la corte stessa, per espressa previsione contenuta nei titoli o nella regolamentazione, non sia considerata parte abituale a beneficio di tutte le unità del fabbricato, ma solo di talune unità, in modo che i posti auto ricavati sulla stessa siano in numero maggiore a quello dei condomini che hanno diritto alla corte stessa); quando nella corte comune sia stato ricavato un numero di posti auto più basso al numero dei condomini, se comunque siano possibili diversi utilizzi di eventuali parti dell'area comune, non destinate a parcheggi (ad es. può essere che uno o più condomini, che non possiedono veicoli da posteggiare, preferiscano vedersi "attribuito" un altro spazio, ad esempio destinato ad orto o a giardino piuttosto che a posto auto); nel caso in cui nella corte abituale sia stato utile un numero di posti auto anche più basso del numero dei condomini, se in ogni modo nella corte comune siano stati ricavati altri spazi o realizzati altri impianti posti a favore di tutti i condomini (ad esempio un orto, una piscina, un campo da tennis, ecc.).

Dott. Piero Antonio Esposito

L'importante è che, nell' uso "ripartito" della cosa comune, ognuno ne possa godere in base alle proprie aspettative, senza proibire agli altri di farne uso; non è essenziale che l'utilizzo sia proporzionato al costo della proprietà spettante a ciascun comproprietario; bisogna differenziare le problematiche connesse all'istituzione del fabbricato in legame alla titolarità del diritto dall'aspetto dall'uso; per quanto riguarda il primo aspetto, il diritto di ciascun condomino sulle parti comuni è proporzionale al valore dell'unità immobiliare che gli appartiene, salvo che il titolo disponga altrimenti, (così, infatti, dispone l'art. 1118 c.c.); per quanto riguarda il secondo aspetto, il godimento, per espressa pattuizione intervenuta tra tutti i condomini, può, invece, essere attribuito in maniera non proporzionale al valore delle singole proprietà: ciò che è essenziale (in relazione a quanto disposto dall'art. 1202 c.c., richiamato per il condominio dall'art. 1139 c.v.) è che ciascun partecipante possa servirsi del bene comune purchè non ne alteri la destinazione economica e non impedisca agli altri partecipanti di farne parimenti uso.

Ciò non esclude che nell'uso ripartito si tenga conto anche del sistema adatto (ad esempio riconoscendo al titolare dell'appartamento di 200 mq l'utilizzo ripartito di due posti auto comuni ed al titolare dell'appartamento di 100 mq. l'utilizzo ripartito di un solo posto auto comune); non sembra possibile escludere un comproprietario dall'impiego del bene comune, in connessione a quanto ordinato dall'art. 1202 c.c., in quanto verrebbe "snaturato" nella sua costituzione il diritto| diretto medesimo di comproprietà.

Ciò non toglie che il condomino possa non avvalersi della facoltà di godimento riconosciutagli (a tutto vantaggio degli altri condomini) ma questa è situazione ben diversa da quella della esclusione pattizia della facoltà di godimento spettante ad un condominio, che, per i motivi di cui sopra. È impossibile.

Se non ricorre l'accordo de quo, non si sarà più in cospetto di un uso "ripartito" della cosa comune, ma di una dottrina volta ad eliminare f per taluni beni (ad es. per i posti auto attribuiti in cd. "uso selettivo") la "condominialità", una forma molto comoda per sottrarsi alla tassazione| del fisco degli immobili (si può rivolgersi} all'espressione dell'uso selettivo al fine di eludere lo spostamento in piena appartenenza di uno o più posti auto, cessione che implicherebbe il precedente accatastamento in genere C/6, e in seguito l'assoggettamento all'imposizione del fisco, dei posti auto suddetti).

L'uso ripartito dei posti auto condominiali, pertanto, consente un uso "individuale" di quelle che sono parti condominiali, che presupporrebbero, per definizione, un uso e godimento promiscui.
Ciascun condomino, in particolare, potrà utilizzare il posto auto che gli è stato attribuito a seguito della ripartizione, posto auto che per converso non potrà essere utilizzato da tutti gli altri condomini.

La possibilità di prevedere un uso individuale di beni comuni sembra trovare un riscontro nell'art. 1122 del c.c. (nel testo modificato dalla legge 11 dicembre 2012 n. 220): "Nell'unità immobiliare di sua proprietà ovvero nelle parti normalmente destinate all'uso comune, che siano state attribuite in proprietà esclusiva o destinate all'uso individuale, il condomino non può eseguire opere che rechino danno alle parti comuni ovvero determinino pregiudizio alla stabilità, alla sicurezza o al decoro architettonico dell'edificio."

La norma in commento sembra lasciare spazio a forme di "uso individuale" di parti comuni condominiali (in alternativa al trasferimento in proprietà esclusiva delle parti altrimenti "normalmente destinate all'uso comune"), forme di uso individuale che debbono, comunque, sempre soddisfare la condizione sopra illustrata di cui all'art. 1102 c.c. (e cioè che attraverso forme di uso individuale sia comunque consentito a tutti i condomini di fare parimenti uso della cosa comune)
L'uso ripartito dei posti auto condominiali, richiede un'apposita manifestazione di volontà in tale senso, manifestazione di volontà che dovrà risultare:

    a) o dal titolo con cui vengono trasferite le unità facenti parte del condominio;

    b) o dal regolamento di condominio; è questa, certamente, la sede più appropriata ove disciplinare le modalità di utilizzazione e di godimento dei posti auto condominiali.

Le clausole del regolamento che prevedono l'utilizzo ripartito dei posti auto, in quanto incidenti su diritti soggettivi dei singoli condomini (in quanto da un lato attribuiscono una posizione di favore rispetto al posto auto assegnato che non potrà essere utilizzato dagli altri condomini, ma dall'altro limitano i diritti di ciascun condomino, che non potrà, a sua volta, utilizzare i restanti posti auto attribuiti agli altri condomini) debbono considerarsi di natura "contrattuale": potranno essere inserite in un regolamento di condominio solo col consenso unanime di tutti i condomini; potranno essere modificate e/o eliminate sempre solo col consenso unanime di tutti i condomini.

Con questa particolare modalità di disciplina del parcheggio, il singolo condomino non possiede alcun diritto "esclusivo" sul parcheggio, né un diritto autonomamente trasferibile.

Egli rimarrà titolare del diritto di comproprietà (per la corrispondente quota millesimale) di tutti i posti auto ricavati nell'area comune e, al contempo, sarà tenuto a rispettare ed osservare (così come potrà pretendere anche da parte di tutti gli altri condomini il rispetto) della particolare disciplina dettata nel Regolamento di Condominio relativa all'uso "ripartito" dei posti auto.

Egli potrà trasferire il suo diritto (di comproprietà ad uso ripartito) sui posti auto condominiali solo trasferendo il bene principale.
Per converso il trasferimento a terzi del bene principale porterà con sé, necessariamente, anche il trasferimento del diritto (di comproprietà ad uso ripartito) sui posti auto condominiali.

La situazione, almeno sotto questo profilo, appare ben diversa da quella sopra delineata del trasferimento del posto auto in proprietà.

Le clausole del regolamento che prevedono l'utilizzo ripartito dei posti auto, danno pertanto luogo a delle vere e proprie obbligationes propter rem, per la cui opponibilità a terzi, secondo l'opinione tradizionale, non necessita la trascrizione nei RR.II. Tutte le clausole contenute in un Regolamento di Condominio (che non comportino la costituzione di servitù), anche se determinano il sorgere di una obbligatio propter rem, sono di per sé stesse opponibili a terzi (si ritiene in dottrina che le stesse non possano neppure essere trascritte).

Ne consegue che nel caso di trasferimento di un'unità cui competa una quota millesimale di comproprietà su posti auto condominiali ad "uso ripartito", l'acquirente subentrerà nell'intera posizione giuridica del proprio dante causa con riguardo ai posti auto suddetti: potrà pertanto utilizzare solo il posto auto di competenza fermo restando che lo stesso non potrà essere invece utilizzato dagli altri condomini.

Da segnalare che vi sono casi in cui:
    A) l'uso "ripartito" dei posti auto condominiali è, di fatto, "obbligato"
    B) l'uso "ripartito" dei posti auto condominiali non è, al contrario, in alcun modo possibile

Si rientra nella fattispecie di cui sub A, ad esempio, nel caso di posti auto soggetti al cd. "vincolo Tognoli" (art. 9 legge 122/1989); nel caso di "vincolo Tognoli" si viene, infatti, a creare un vincolo pertinenziale indissolubile tra unità singola e posto auto, per cui quest'ultimo non potrà che essere utilizzato dal proprietario dell'unità singola della quale costituisce pertinenza. L'uso "ripartito" è insito nel modo stesso di operare del "vincolo Tognoli".

Ovviamente, per le ragioni di cui si è detto sopra, sarà possibile mantenere la condominialità di posti auto gravati da "vincolo Tognoli", e quindi soggetti ad uso "ripartito", solo a CONDIZIONE che sia, comunque, consentito a ciascun condomino di utilizzare l'area comune, sulla quale (o su parte della quale) siano stati ricavati i posti auto.
Se, invece, tale condizione non si verifica, non sarà possibile mantenere questi posti auto in condominialità, ma gli stessi dovranno necessariamente essere trasferiti in proprietà agli aventi titolo; si pensi al caso in cui siano stati ricavati posti auto con "vincolo Tognoli" in numero inferiore a quello dei condomini (con vincolo pertinenziale solo a favore di talune unità) e sull'area comune non vi siano altri spazi e/o impianti destinati ai condomini, diversi da quelli cui spetta il posto auto (si rammenta che i posti auto con "vincolo Tognoli" possono essere realizzati sono nel sottosuolo di edifici ovvero nei locali al piano terreno ovvero nel sottosuolo di aree pertinenziali esterne).

Si rientra nella fattispecie di cui sub B, ad esempio, nel caso di posti auto soggetti a vincolo di uso pubblico.

Si pensi al progetto edilizio che, per garantire il rispetto della vigente normativa urbanistica in tema di dotazione di standard, preveda espressamente la realizzazione sulla corte comune di posti auto da vincolare ad uso pubblico (spesso gli strumenti urbanistici comunali subordinano la realizzazione di spazi destinati ad attività commerciali o direzionali alla costituzione di un vincolo di destinazione di tutta o di parte dell'area scoperta a parcheggio ad uso pubblico).

In questo caso l'area destinata a parcheggio non solo ha una destinazione vincolata (e non negoziabile come nel caso sopra illustrato dei posti auto ex art. 41sexies legge 1150/1942) ma anche un uso vincolato: gli spazi a parcheggio debbono essere a disposizione del "pubblico", ossia degli utenti delle attività commerciali e/o direzionali ubicate nell'edificio.

Un uso "ripartito" e "individuale" si porrebbe in contrasto con questo uso pubblico.
Solo per eventuali posti auto ulteriori, rispetto a quelli da vincolare ad uso pubblico, sarebbe possibile prevedere un uso "ripartito", sempreché ricorrano tutte le condizioni sopra illustrate.

La disciplina del DL. 78/2010: I posti auto, anche ad uso "ripartito", se ed in quanto qualificabili come posti auto condominiali, ricorrendo tutte le condizioni sopra esposte, restano fuori dal perimetro di applicazione del D.L.78/2010, al pari di tutte le parti condominiali.

Ciò vale sia per i posti auto condominiali iscritti in catasto come beni comuni non censibili che per i posti auto condominiali iscritti in Catasto come beni comuni censibili (con deposito della planimetria catastale ed attribuzione alla categoria C/6), siano essi confluiti nella Partita speciale denominata "beni comuni censibili" ovvero siano essi intestati ai singoli condomini pro quota, stante la specifica posizione assunta dall'Agenzia del Territorio con la Circolare n. 3/2010 del 10 agosto 2010, in ordine all'esclusione dall'ambito di applicazione della norma in commento anche dei beni comuni censibili.

Pertanto, a prescindere dalla circostanza che i posti auto condominiali siano stati iscritti al catasto come beni comuni non censibili ovvero come beni comuni censibili, la soluzione, ai fini dell'applicabilità o meno del DL. 78/2010, è sempre la stessa, nel senso cioè della loro esclusione dall'ambito applicativo di detta normativa.

A condizione, lo si ribadisce, che i posti auto siano qualificabili come parti condominiali, e non siano invece nella disponibilità di alcuni soltanto dei condomini (particolare attenzione va prestata, pertanto, nel caso di formule come quelle dell'attribuzione dell'uso esclusivo dei posti auto, che potrebbero celare forme di elusione fiscale, come sopra già segnalato).

Dott. Piero Antonio Esposito

Sezione I

Delle conclusioni sulla gestione dei posti auto

Per distinguere un diritto reale, è preferibile non rivolgersi a qualificazioni fuorvianti come "diritto esclusivo" o "uso esclusivo" o "godimento perpetuo" e proseguire allo spostamento del posto auto in proprietà; la creazione di altri diritti reali appare particolarmente problematica in quanto:

a) i diritti di uso incontrano un limite nella temporaneità del diritto (che si estingue con la morte del titolare); inoltre il diritto di uso è per legge incedibile;

b) l'ammissibilità di una servitù di sosta di veicoli è tutt'altro che pacifica; anzi la posizione della Cassazione è contraria all'ammissibilità di una servitù di parcheggio.

Con lo spostamento del posto auto in proprietà, trova piena applicazione la dottrina del DL 78/2010, per cui:

a) i posti auto debbono essere accatastati (in cat.C/6) con presentazione delle relative planimetrie;

b) vanno riportatati in atto, a pena di nullità, l'identificativo catastale, il riferimento alle planimetrie catastali depositate in catasto e la dichiarazione di parte di conformità allo stato di fatto dei dati catastali e delle planimetrie, sulla base delle disposizioni vigenti in materia catastale (dichiarazione, peraltro, che può essere sostituita, da un'attestazione di conformità rilasciata da un tecnico abilitato).

Se vi vuole rimanere nell'ambito della condominialità si può prevedere l'uso "ripartito" (e quindi l'uso "individuale") dei posti auto condominiali, ricorrendo ad apposita clausola da inserire nei titoli traslativi ovvero (soluzione preferibile) nel Regolamento di Condominio.

Questo, sarà possibile solo a condizione che sia consentito a ciascun condomino di utilizzare l'area comune, sulla quale (o su parte della quale) siano stati ricavati i posti auto.

In tal caso è opportuno evitare il ricorso a qualificazioni come "diritto esclusivo" o "uso esclusivo" o "godimento perpetuo", e precisare, invece, che i posti auto costituiscono parti comuni ai sensi dell'art. 1117, c. 1,n. 2, cod. civ., soggetti alla particolare disciplina regolamentare per l'utilizzo "ripartito" contenuta nel Regolamento di Condominio, al cui rispetto sono, conseguentemente tenuti, tutti i condomini.

I posti auto, anche ad uso "ripartito", se ed in quanto qualificabili come posti auto condominiali, restano fuori dal perimetro di applicazione del D.L. 78/2010, al pari di tutte le parti condominiali.

Nell'attuale orientamento valgono le norme per il caso di fondazione di un nuovo stabile.

Diverso potrebbe essere nel caso di condomini di antica costituzione, per i quali non si può risalire con precisione al titolo del diritto, in base alle regole enunciate (proprietà o parte comune ad "uso ripartito").

Per ritrasferire un'unità condominiale alla quale sia stato attribuito un posto auto aperto in "uso esclusivo" , il primo argomento da affrontare è quello della qualifica giuridica di tale "diritto di uso esclusivo": è complicato definire tale diritto di uso e/o di usufrutto, in quanto non era certo decisione delle parti, al momento della sua istituzione, individuare al compratore un diritto non cedibile a terzi (come nel caso del diritto di uso) o un diritto|temporaneo destinato a morire con la morte del proprietario.

Non è facile qualificare questo diritto come servitù, poiché la stessa servitù di sosta dei veicoli non è pacifica (si veda il revirement della Suprema Corte di Cassazione che con la sentenza del 6 luglio 2017, n. 16698 ha da ultimo affermato l'astratta configurabilità della servitù di parcheggio). Le parti volevano trasferire un vero e proprio diritto di proprietà, ma quello che nel titolo di provenienza non è stato qualificato come "diritto esclusivo" ma può essere riqualificato in termini di proprietà, sul piano puramente interpretativo.

Ciò che le parti volevano traslocare era un diritto di proprietà, ma stentatamente quello che nel titolo di derivazione è stato riconosciuto come "diritto esclusivo" in contraddizione al diritto sull'alloggio segnalato come "proprietà piena" può essere riconosciuto in termini di possedimento, sul piano esplicativo (ad opera e sotto la garanzia del notaio convocato per accettare l'atto di trasferimento).

Dott. Piero Antonio Esposito

Bisogna rifare la fattispecie che presenta sia profili di realtà che profili di obbligatorietà.

Ciò che il proprietario ha comperato è una quota di comproprietà dell'intero condominio, dove sono stati creati i parcheggi (profilo di realtà) con subentro nello specifico regolamento condominiale riguardante l'uso di quest'area, che, al fine di garantire il rispetto dell'art. 1102 c.c., prevede l'utilizzo dei vari spazi individuati per la sosta di veicoli, e quindi un obbligo a carico dei condomini di rispettare tale divisione (profilo di obbligatorietà).

Per cui, bisogna ricordare che un utilizzo diviso tra le parti non contrasta il carattere condominiale dei parcheggi, poichè questa modalità di utilizzo garantisce a ciascun condomino il migliore utilizzo della cosa comune, senza impedire agli altri condomini di farne uso; un utilizzo diviso può garantire un uso regolarizzato delle parti comuni, evitando eventuali problematiche tra i condomini, assicurando a ciascun condomino il godimento del bene.

Per questo rifacimento bisogna avere le seguenti circostanze:
    1) che vi sia un accordo specifico (qualificabile come regolamento condominiale) che regoli l'utilizzo della corte;
    2) che nella divisione dei parcheggi sia stata rispettata la norma dell'art. 1102 c.c.

Per cui ci dev'essere una corretta e ben disciplinata utilizzazione della corte comune, senza che siano attribuiti privilegi ad alcuni condomini a discapito di altri; l'art. 1102 c.c. prescrive che: "ciascun partecipante può servirsi della cosa comune purchè non ne alteri la destinazione e non impedisca al altri di farne parimenti uso secondo il loro diritto" per cui un regolamento della cosa comune deve garantire l'utilizzo della cosa comune a tutti condomini e non solo ad alcuni di essi.

La corte, tuttavia vi sia il presente regolamento per la dottrina dell'uso a sosta veicoli (ma non solo), rimane giudicabile quale "parte condominiale" e come tale rimane esclusa dall'ambito di applicazione del D.L.78/2010.

Se le condizioni sopra indicate non ricorrono all'accordo, non siamo più in un uso "ripartito" della cosa comune, ma di una dottrina volta ad eliminare la "condominialità", una forma molto comoda per evitare l'imposizione fiscale degli immobili.

Dott. Piero Antonio Esposito

Capo IV

Della collocazione di zerbini o elementi ornamentali nei pianerottoli

Per quanto riguarda la collocazione di zerbini o elementi ornamentali, nei pianerottoli, ci possono essere due limiti:
1. occorre analizzare se le norme d'uso non modifichi la finalità del bene comune;
2. se vi sono divieti prescritti dalla regolamentazione condominiale.

Le scale e i pianerottoli sono destinati a concedere un semplice spostamento da un piano all'altro del fabbricato, per questi motivi, non bisogna ostruirli con oggetti che possano provocare un discapito ai singoli condomini.

L'utilizzo dei pianerottoli da parte dei condomini non deve limitare il godimento degli altri condomini o arrecare pregiudizio all'edificio [Cass. civ., 10 febbraio 1981, n. 843]. Alla luce di tali principi affermati in giurisprudenza, si può ritenere che la collocazione di zerbini sul pianerottolo comune sia consentita al singolo condomino purché ciò non costituisca ostacolo all'agevole accesso alle scale da parte degli altri condomini.

Le modalità di collocazione dello zerbino nell'ambito di un edificio condominiale. La collocazione di uno zerbino davanti alla porta di ingresso delle singole unità immobiliari ha la finalità di apportare un duplice vantaggio: di natura igienico e di natura meramente estetico.

Riguardo all'uso dei pianerottoli, la collocazione di suppellettili ad opera dei singoli condòmini deve avvenire con modalità tali da non comportare alcun disagio per gli altri, oltre a non concretizzare uno svantaggio (cfr. art. 1102, 1° co., c.c., secondo cui l'uso della cosa comune, da parte di uno dei partecipanti alla comunione, non deve impedire agli altri un uso della stessa tendenzialmente paritario).

E' ricorrente la domanda se sia possibile occupare il pianerottolo comune con piante, zerbini e tappeti.
La giurisprudenza a tal proposito ha stabilito che "è possibile collocare

piante ornamentali, zerbini, tappeti ecc., purché non limitino o rendano comunque pericoloso per il loro ingombro, l'accesso alle scale" [Cass. Sez. II, 6 maggio 1988, n. 3376 cit.].

La collocazione di uno zerbino nei pressi dell'atrio condominiale o innanzi all'ingresso di una unità immobiliare potrebbe provocare la caduta di un condomino oppure di un soggetto che transita in quelle zone.

In merito a tale probabilità la [Corte appello Milano 30 dicembre 1997] ha precisato che se "lo zerbino viene collocato nell'atrio condominiale e provoca una caduta non è applicabile la disciplina della responsabilità per danni riconducibili a cose in custodia di cui all'art. 2051 c.c.".

La garanzia di cose in custodia, (art. 2051 cod. civ.), sussiste se vi è una circostanza di emergenza che si concretizza in una insidia non risolvibile con l'ordinario impegno e cautela, ossia sia prevista e superata con l'impiego delle normali cautele da parte del danneggiato.

Recentemente la Suprema Corte di Cassazione ha precisato che: "non ha diritto al risarcimento chi cade sullo zerbino che non presenta condizioni logorate al punto da ipotizzare la sussistenza di un nesso eziologico tra lo stuoino e la caduta. (Nel caso di specie la Cassazione con [sentenza n. 1308 del 30 gennaio 2012] ha osservato che lo stuoino non ha un «intrinseco dinamismo», tale da escludere, in assenza di precisi riscontri probatori, che l'oggetto si presentasse in condizioni logorate al punto da ipotizzare la sussistenza di un nesso eziologico tra lo stesso e la caduta dell'uomo.

Dunque, l'evento dannoso è stato attribuito all'atto colposo del danneggiato, idoneo a interrompere il rapporto causale tra la cosa e il danno e, conseguentemente a escludere la responsabilità del custode).

Capo V

Del parcheggio condominiale

La prima legge in materia urbanistica che si è specificamente occupata della destinazione a parcheggio delle aree private è stata la legge 6/8/1967 n. 765 (cd. Legge Ponte).
Nel nostro ordinamento non esisteva alcuna normativa che imponesse ai costruttori di case di destinare o predisporre all'interno dei condominii uno spazio ad hoc destinato ad area di parcheggio.

Successiva alla legge Ponte, è la legge Tognoli n. 122 del 1989 (poi modificata dalla legge n 127 del 1997, nota come Bassanini bis), la quale ha stabilito che i proprietari di immobili possono realizzare parcheggi nel sottosuolo o al piano terreno, con determinate agevolazioni.

Sia nella legge Ponte che nella legge Tognoli il legislatore ha optato per un rigido regime vincolato in ordine alla libera alienabilità degli spazi di parcheggio. Al comma 5 dell'art 9 della legge 122/89 infatti era stabilita espressamente la non cedibilità dei parcheggi separatamente all'unità immobiliare e la conseguente nullità dei relativi atti di cessione. Tale comma è stato peraltro oggetto di un recentissimo intervento legislativo del febbraio 2012 (decreto n. 5 sulle semplificazioni) che ne ha riformulato il contenuto nel senso di prevedere da un lato l'immodificabilità della destinazione esclusiva a parcheggio delle nuove costruzioni realizzate in esecuzione della norma e dall'altro che "la proprietà dei parcheggi realizzati a norma del comma 1 può essere trasferita, [...] solo con contestuale destinazione del parcheggio medesimo a pertinenza di altra unità immobiliare sita nello stesso comune".

A fianco ai parcheggi regolati dalla legge Ponte e a quelli regolati dalla legge Tognoli e successive modifiche, si trovano i parcheggi così detto "liberi", ovverosia quei parcheggi che non sono soggetti ad alcuna normativa specifica, né ad alcun vincolo di destinazione particolare da parte del costruttore o venditore o per previsione di legge, ma il cui utilizzo è regolato dalle disposizioni del codice civile in materia di uso della cosa comune, da usi e prassi (ad esempio si pensi a cortili di vecchie case, costruite prima del 1967), nonché soggetti alle prescrizioni dei singoli regolamenti assembleari.

Capo VI

Del cortile, delle parti comuni e parti comuni ad uso esclusivo

Sezione I

Del regime di pertinenzialità

La prima problematica si ha quando esista un diritto dei condomini a posteggiare all'interno della corte comune, dove non vi sia una regola contraria, nemmeno un vincolo di finalità. E' competenza dei condomini residenti utilizzare il parcheggio disponibile dei loro automezzi l'area della corte annessa all'edificio condominiale.

La corte, essendo una superficie comune ai sensi dell'art. 1117 del codice civile, essi ne possono collocare per il miglior piacere ed uso. Se è vero che non esiste un "diritto assoluto" dei condomini a posteggiare il proprio automezzo nella corte comune, è altrettanto vero che esiste l'attitudine dell'assemblea condominiale di concedere "a tutti i condomini la competenza di utilizzare la corte con autovetture proprie".

In tema, esercitano le regole generali in argomento di fabbricato e sfruttamento del bene comune, secondo le quali l'occupazione dell'area comune sia legittima, è doveroso che ciò non sia eliminato dal titolo (ad esempio se il fabbricante si sia impadronito della proprietà di una determinata area; il regolamento condominiale vieta il posteggio a tutti i condomini) e che l'uso della corte si svolga nel pieno riguardo ai diritti di tutti i comproprietari dell'immobile, avvenga cioè "senza discapito per il godimento delle proprietà o pertinenze degli altri condomini".

Si evidenzia che in ogni caso per essere adibito ad area di parcheggio in favore dei singoli condomini, è inoltre necessario che il cortile abbia natura di "area pertinenziale" comune all'edificio, ovverosia, ai sensi dell'art. 817 cc, sia posto in modo stabile e duraturo nel tempo a servizio e ad ornamento dell'edificio medesimo.

Sezione II

Del parcheggio nel cortile: regolamento condominiale e buon uso della cosa comune

Con attenzione alle procedure di amministrazione e di regolamento del posteggio è importante l'assemblea, cui spetta il compito|di organizzare l'uso delle relative aree, in conformità ai principi sanciti dalla legge e dalla consuetudine, nonché dal volere dei condomini.

Non sono ammesse "iniziative" private o prese di posizione individuali che potrebbero far emergere un diritto in capo all'autore della regola non lecita.

In particolare, qualsiasi regolamento o disciplina delle aree di sosta private dovrà tenere presente che l'uso del cortile come parcheggio non può andare a favore solo di alcuni condomini e a scapito di altri (si veda Trib. Milano, sent. n. 15926/1998), a prescindere dal fatto che essi siano o meno proprietari di autovetture.

Sezione III

Del divieto di uso turnatario e parcheggio per lunghi periodi

Vi è giurisprudenza che si è espressa nel senso di concedere di usare a turni i parcheggi nel cortile.

Alla base di ciò vi è l'applicazione del principio del quale l'uguaglianza nell'uso dei beni comuni non esige indispensabilmente il godimento da parte di tutti i partecipanti alla stessa.

Per cui, l'eventuale delibera condominiale che assegni a turno il parcheggio dei posti è da ritenersi pienamente legittima in quanto non fa altro che disciplinarne l'uso in modo da assicurarne a ciascun condomino l'utilizzazione, nell'uniformità di trattamento e secondo le circostanze concrete.

La vera discriminante tra l'ammissibilità di un parcheggio turnario oppure no, si pone piuttosto in termini di maggioranze necessarie per l'adozione della relativa delibera, delibera che deve essere approvata dall'assemblea con il consenso di tutti i condomini e non a semplice maggioranza.

Con riguardo all'ipotesi di occupazione del cortile condominiale posta in essere da un condomino mediante il parcheggio per lunghi periodi, questa condotta deve ritenersi abusiva.

Secondo la giurisprudenza la consuetudine di parcheggiare una vettura di proprietà in uno spazio comune senza spostarla per tempi lunghi va oltre il diritto all'uso della cosa comune sancito dall'art. 1102 cc, potendo dare adito a dubbi circa la volontà del soggetto di possedere il bene non come comproprietario, ma in maniera esclusiva.

Sezione IV

Dei poteri e compiti dell'assemblea in tema di parti comuni

È sempre all'assemblea condominiale, e dunque, si ribadisce, non al libero arbitrio del singolo, che spetta il compito di autorizzare e disciplinare l'utilizzo del cortile come area di parcheggio stabilendo con regolamento le modalità di uso e godimento del bene comune.

Secondo alcuni addirittura tra i poteri dell'assemblea condominiale vi sarebbe quello di inibire in termini assoluti l'accesso di vetture al cortile.

L'ipotesi è però da ritenersi dubbia in quanto tale regolamentazione si scontrerebbe con il limite necessario del rispetto del diritto di passaggio dei condomini e dei terzi che hanno accesso alle unità immobiliari, ed anzi, rischierebbe di configurare un pregiudizio in capo ai condomini medesimi, ad esempio impendendo anche operazioni di carico – scarico o accesso veicoli per trasloco.

Allorquando dunque si ponga il problema di regolamentare, definire o chiarire la questione relativa all'uso dell'area comune non adibita originariamente a parcheggio, chi intenda ottenere una pronuncia in merito, dovrà sottoporla prima di tutto all'attenzione dell'assemblea, perché sia fatto oggetto di discussione in quella sede.

Particolare attenzione dovrà poi essere posta, ed in questo senso importante il compito dell'Amministratore di condominio, alla individuazione delle maggioranze richieste per l'approvazione delle relative delibere.

Sezione V

Delle maggioranze in tema di parti comuni

Quanto infatti alle maggioranze richieste sia per l'approvazione della delibera condominiale di destinazione del cortile a parcheggio di autovetture sia per l'approvazione della relativa disciplina d'uso e godimento del bene (nel caso in cui il regolamento nulla vieti ma pure nulla disponga in merito), trova in genere applicazione l'art. 1136 cc co.5.

È dunque sufficiente la maggioranza speciale prevista per le innovazioni (numero di voti che rappresenti la maggioranza dei partecipanti al condominio e i due terzi del valore dell'edificio).

Non è invece richiesta l'unanimità dei consensi (vedi Cass., sent. 10289 del 17/10/1998).

Qualora invece si tratti di delibera che statuendo la destinazione di un'area comune a parcheggio di autovetture, ne disciplini l'uso escludendo a turno uno dei condomini, per esempio perché lo spazio non è sufficiente e di cui abbiamo detto sopra, per essere valida deve essere approvata (e il relativo verbale sottoscritto) da tutti i condomini.

Essa inoltre viene ad essere soggetta all'onere della forma scritta, forma che è richiesta non solo per la prova della delibera, ma anche per la sua stessa validità in quanto produce vincoli di natura reale su beni immobili oltre che una modifica del regolamento condominiale.

Sezione VI

Del Giudice di Pace e controversie tra condomini

È esperienza piuttosto comune che la gestione degli spazi comuni possa costituire motivo di attrito e dissidio all'interno dei condominii per non essere sempre ben chiaro fino a che punto il diritto del singolo all'uso degli spazi comuni possa spingersi.

In caso di disaccordo tra i condomini tra loro e all'interno della assemblea in ordine alla regolamentazione e gestione degli spazi comuni, competente a decidere è in genere il Giudice di Pace, trattandosi di materia devoluta per legge a costui.

Diversamente laddove oggetto di contestazione sia l'esistenza del diritto stesso al parcheggio, competente sarà il Tribunale.

Si ricorda infine che in ogni caso ciascun condomino ha la facoltà di impugnare la delibera assembleare nei cui confronti è dissenziente, nel termine di 30 giorni dalla emanazione della stessa o sua comunicazione. Opportuno è evidenziare che in data 4 marzo 2010, è stato approvato il decreto legislativo n. 28 (Gazzetta Ufficiale 5 marzo 2010, n. 53) attuativo della riforma del processo civile (Legge 69/2009) in tema di mediazione e conciliazione delle controversie.

Tra le materie per le quali il nostro legislatore ha previsto la necessità di ricorso ad un tentativo obbligatorio di conciliazione vi è, non a caso, anche quella del condominio, evidentemente foriero di non poca litigiosità.

Benché la mediazione sia divenuta obbligatoria dal 21 marzo, il successivo decreto milleproroghe ha rinviato al 21 marzo 2012 l'entrata in vigore dell'obbligatorietà per la materia che qui ci interessa.

Ciò significa che a partire dalla data sopra indicata, chiunque intenda agire in giudizio in tema di condominio dovrà preventivamente esperire un tentativo obbligatorio di conciliazione avanti ad un organismo riconosciuto per la ricerca di una soluzione bonaria del contenzioso.

Capo VII

Del divieto di ospitare animali domestici

Dalla entrata in vigore della Legge 11 dicembre 2012, n. 220 (che, peraltro, modifica l'ultimo comma dell'art. 1138 c.c.), ogni clausola del regolamento condominiale recante il divieto di tenere animali domestici nello stabile) sembrerebbe risultare colpita da "nullità sopravvenuta".

L'affermazione di principio ("le norme del regolamento non possono vietare di possedere o detenere animali domestici") applicabile a tutte le disposizioni con essa contrastanti (a ciò si aggiunga che l'articolo 155 delle Disposizioni di attuazione del Codice civile dispone che "cessano di avere effetto le disposizioni del regolamento di condominio che siano contrarie alle norme richiamate nell'ultimo comma dell'articolo 1138 del Codice", sancendo definitivamente la correttezza della tesi della nullità del regolamento contrario al divieto), indipendentemente dalla natura dell'atto che le contiene (regolamento contrattuale) ed dal momento dell'introduzione di quest'ultimo (primo o dopo la novella del 2012), gli animali domestici non vivono ancora all'interno degli immobili.

Sul versante interpretativo permane una corrente che non ricomprende la novellata disposizione tra quelle inderogabili, ritenendo che il divieto può continuare a sussistere nei regolamenti di natura contrattuale, purché la relativa clausola sia trascritta nei pubblici registri immobiliari.

È buona regola quella di decidere i precetti che dovranno essere rispettati dai proprietari degli animali, sia nell'uso degli spazi o dei servizi comuni, sia in relazione al comportamento all'interno del complesso condominiale.

E' diritto di ciascun condomino di usare a suo piacimento dei beni comuni trova limite nel pari diritto di uso e di godimento degli altri.

Si rammenta una vicenda, di qualche anno fa (Corte di Cassazione, Sezione penale, n. 4672 del 3 febbraio 2009) rispetto alla quale gli Ermellini sentenziarono che il proprietario il quale non custodisca adeguatamente l'animale risponde dei danni causati a terzi soggetti, rammentando il divieto di tenere libero l'animale nel cortile condominiale senza applicargli guinzaglio e museruola. Il giudice di legittimità, nella specie, confermava la precedente pronuncia della Corte territoriale, che aveva condannato il proprietario di un cane per il reato di lesioni colpose in danno di un altro condomino.

Il condannato aveva quindi adito il giudice di legittimità, asserendo la mancata attendibilità della testimonianza di un ulteriore condomino, in quanto generica.

La Cassazione, respingendo il ricorso, confermava la responsabilità del proprietario il quale, nonostante i numerosi avvertimenti avanzati da più di un partecipante al condominio, non aveva riposto la particolare cautela, richiesta dalle circostanze del caso, nella gestione del suo cane all'interno del cortile condominiale, nella specie facendolo giocare a palla senza limitarlo né con un guinzaglio, né con una museruola.

La questione relativa ai danni che cani o gatti possono arrecare alle parti comuni degli edifici apre scenari molteplici e soluzioni disparate.

Facendo un passo indietro, la disposizione de qua ha codificato principi già operanti nel diritto vivente e nella legislazione nazionale e comunitaria, frutto dell'evoluzione, nella coscienza sociale, della rinnovata considerazione del rapporto tra l'uomo e l'animale, assunto ad espressione dei più generali diritti inviolabili di cui all'art. 2 della Carta Costituzionale e, di conseguenza, volti ad ottimizzare il predetto rapporto, avendo l'uomo l'obbligo morale di rispettare tutte le creature viventi, considerata l'importanza degli animali da compagnia ed il loro valore per la società per il contributo da essi fornito alla qualità della vita.

Il percorso del legislatore per attuare lo spiegato obiettivo si è rivelato apprezzabile, tuttavia, si è reso responsabile dell'omissione di qualsiasi specificazione normativa in termini di imputazione di responsabilità ed eventuali obblighi di assicurazione, abbandonando la faccenda (relativa alla convivenza dell'amato pet, negli edifici condominiali) alle comuni regole civilistiche.

In attesa di un eventuale ed auspicato "Pet Code" (codice degli animali) è doveroso evidenziare che molteplici disposizioni in tema di animali domestici sono sparse nell'ordinamento giuridico, tra varie fonti normative.

Dott. Piero Antonio Esposito

Vanno rammentate le disposizioni contenute nell'ordinanza del Ministero del Lavoro, della Salute, delle Politiche Sociali, datata 3 marzo 2009 (Ordinanza contingibile e urgente concernente la tutela dell'incolumità pubblica dall'aggressione dei cani), che statuisce, tra gli altri, l'obbligo, in capo al proprietario dell'animale, di mantenere pulita l'area di passeggio, di utilizzare il guinzaglio in ogni luogo e, in ipotesi di animali aggressivi, di applicare la museruola.

È sempre prevista la responsabilità civile, ai sensi dell'articolo 2052 c.c. (dove espressamente il proprietario o l'utilizzatore viene esonerato qualora fornisca prova della ricorrenza del caso fortuito), nonché penale, dei proprietari, in ipotesi di danni o lesioni a persone, animali o cose.

Ai sensi dell'art. 4, comma 4, della succitata ordinanza, "I proprietari dei cani inseriti nel registro di cui al comma 3 provvedono a stipulare una polizza di assicurazione di responsabilità civile per danni contro terzi causati dal proprio cane e devono applicare sempre sia il guinzaglio che la museruola al cane quando si trova in aree urbane e nei luoghi aperti al pubblico".

Tra le numerose proposte di legge che si sono avvicendate per la regolamentazione delle molteplici vicende che, potenzialmente, interessano gli animali d'affezione, unitamente ai padroni, si registra quella che prevede l'istituzione, presso ogni comune, di un registro telematico nazionale dell'anagrafe canina (in corso di esame al Senato), nonché quella che propone l'introduzione della loro impignorabilità (l'articolo 77 del disegno di legge sull'ambiente che modifica l'articolo 14 del Codice di procedura civile, in tema di cose mobili assolutamente impignorabili), ma allo stato attuale, ancora nessuna norma statuisce l'obbligo di assicurazione in ipotesi di danni alle parti comuni.

Sempre nel contesto condominiale, va infine rammentato che gli animali non possono essere lasciati liberi di circolare negli spazi comuni senza le necessarie cautele disposte dalla normativa vigente, non da ultimo quella in tema di igiene, di quiete, di immissioni, a tutela degli altri conviventi dello stabile.

Si evidenza che, oltre a polizze ad hoc (responsabilità civile che copre le fattispecie ove un animale danneggi un altro animale, ovvero terze persone, o anche cose), variamente denominate "polizze animali domestici" (in media assicurare per la responsabilità civile un gatto o un cane di età fino a 6 mesi, costa circa 40 euro per il primo anno e una cifra doppia dal secondo, mentre se il pet ha un'età compresa fra 6 mesi e 10 anni la tariffa sale a 100 euro per il primo anno e raddoppia dal secondo e, infine, se appartiene ad una razza a rischio, i valori lievitano progressivamente), l'assicurazione per la responsabilità civile cd. "Capofamiglia" (una garanzia della polizza della casa che tutela il patrimonio della famiglia da tutte quelle richieste di risarcimento avanzate da terzi nei confronti di tutti i membri della famiglia) nella quasi totalità degli schemi negoziali include anche l'animale domestico.

In altri casi viene congegnata come garanzia accessoria per cui, a fronte di un premio aggiuntivo, anche i danni cagionati da cani e gatti verranno indennizzati.

Per quanto esposto, l'obbligatorietà di contrarre una polizza vige soltanto se si possiede un cane ricompreso nella categoria delle cd. razze "impegnative", e non quando il cane sia un innocuo cucciolo che, ad ogni modo, teneramente, e non solo in ambito condominiale, potrebbe cagionare dei danni, anche economicamente ingenti.

Titolo II

Dei regolamenti di condominio e normative di riferimento

Capo I

Del regolamento condominiale

La regolamentazione condominiale è lo statuto fondamentale dello stabile che indottrina l'uso delle cose comuni, la distribuzione delle spese condominiali, la conservazione, cura e custodia del decoro|dello stabile e l'amministrazione dello stesso.

L'approvazione di una regolamentazione condominiale è un fatto indipendente, che non sussiste in modo automatico con l'elevarsi del fabbricato.

Insegnato dall'art. 1138 del c. c. (oltre che dagli artt. 68, 69, 70, 71, 72 disp. att. c. c.), la regolamentazione condominiale è obbligatoria nel momento in cui il numero dei condomini è maggiore di 10.

I soggetti a cui spetta il compito di formulare la regolamentazione sono i singoli condomini e non i venditori delle abitazioni.

L'art. 1138 recita:

Art. 1138.
Regolamento di condominio.
Quando in un edificio il numero dei condomini è superiore a dieci, deve essere formato un regolamento, il quale contenga le norme circa l'uso

delle cose comuni e la ripartizione delle spese, secondo i diritti e gli obblighi spettanti a ciascun condomino, nonché le norme per la tutela del decoro dell'edificio e quelle relative all'amministrazione.

Ciascun condomino può prendere l'iniziativa per la formazione del regolamento di condominio o per la revisione di quello esistente.

Il regolamento deve essere approvato dall'assemblea con la maggioranza stabilita dal secondo comma dell'articolo 1136 ed allegato al registro indicato dal numero 7) dell'articolo 1130. Esso può essere impugnato a norma dell'articolo 1107.

Le norme del regolamento non possono in alcun modo menomare i diritti di ciascun condomino, quali risultano dagli atti di acquisto e dalle convenzioni, e in nessun caso possono derogare alle disposizioni degli articoli 1118, secondo comma 1119, 1120, 1129, 1131, 1132, 1136 e 1137.

Le norme del regolamento non possono vietare di possedere o detenere animali domestici.

Nei casi in cui il gruppo dei condomini è meno di 10, l'approvazione della regolamentazione diviene facoltativa e sono gli stessi condomini a scegliere autonomamente se adottarlo o meno.

Poiché sia valido, il regolamento condominiale (così come le sue successive modificazioni) deve essere redatto in forma scritta.

La riforma entrata| in vigore nel 2013 ha immesso l'obbligo, acciocché la regolamentazione condominiale sia legale e corretta, di allegarlo al registro verbali delle assemblee, rifinito dall'amministratore.

Una volta sancito, il regolamento ha efficacia per tutti i condomini ed anche per gli eredi e gli aventi causa, che se dissenzienti possono impugnarlo davanti all'autorità giudiziaria entro 30 giorni dalla delibera del medesimo.

Sezione I

Delle tipologie di regolamento condominiale

La regolamentazione dello stabile può avere struttura:
- contrattuale o negoziale, allegato nell'atto di acquisto dell'abitazione;
- assembleare, in codesto caso deve essere sancito con la prevalenza stabilita dall'art. 1136 del codice civile, ossia con un numero di voti che rappresenta la maggior parte degli intervenuti in assemblea e perlomeno la metà del costo dell'immobile;
- giudiziale, nel momento in cui l'assemblea non riesce ad arrivare| alla creazione di una regolamentazione condominiale o l'amministratore non provveda alla riunione dell'assemblea richiesta a tale fine dall'unico comproprietario. Nel presente caso la decisione del giudice si sostituirà a quella assembleare e la regolamentazione condominiale avrà legittimità per tutti i condomini.

La rimanenza basilare tra la regolamentazione condominiale contrattuale da un lato e quello assembleare o giudiziale dall'altro lato è che in quest'altro caso le clausole approvate possono essere solamente regolamentari, ossia rivolte a disciplinare l'utilizzo delle cose comuni e non possono limitare i diritti e le idoneità dei condomini sulle parti di loro proprietà.

La regolamentazione condominiale di genere contrattuale può pronosticare delle limitazioni ai diritti dei condomini sia in relazione alle parti comuni sia in relazione alle parti di esclusiva proprietà e sempre nell'interesse comune.

In ogni caso, vale il principio cui la regolamentazione condominiale contrattuale non può incidere i diritti dei condomini così come risultanti dagli atti di compera nelle abitazioni nè può variare le disposizioni di legge indicate nell'art. 1138 c.c...

Capo II

Della disciplina delle parti comuni nel regolamento condominiale

Le parti comuni dell'edificio, elencate in modalità esemplificativa e non tassativa nell'art. 1117 c. c., sono i beni del fabbricato di appartenenza di tutti e utili sia all'esistenza stessa dello stabile sia all'uso dei beni individuali.

In sequenza alla riforma della regolamentazione condominiale entrata in vigore nel 2013, l'art. 1117 c. c. supera la classica definizione di proprietà comune e la espande anche all'uso sistematico, riconoscendo così anche i titolari di diritto di proprietà definito nel tempo.

Così recita l'art. 1117 c. c.:

Art. 1117.
Parti comuni dell'edificio.
Sono oggetto di proprietà comune dei proprietari delle singole unità immobiliari dell'edificio, anche se aventi diritto a godimento periodico e se non risulta il contrario dal titolo:
1) tutte le parti dell'edificio necessarie all'uso comune, come il suolo su cui sorge l'edificio, le fondazioni, i muri maestri, i pilastri e le travi portanti, i tetti e i lastrici solari, le scale, i portoni di ingresso, i vestiboli, gli anditi, i portici, i cortili e le facciate;
2) le aree destinate a parcheggio nonché i locali per i servizi in comune, come la portineria, incluso l'alloggio del portiere, la lavanderia, gli stenditoi e i sottotetti destinati, per le caratteristiche strutturali e funzionali, all'uso comune;
3) le opere, le installazioni, i manufatti di qualunque genere destinati all'uso comune, come gli ascensori, i pozzi, le cisterne, gli impianti idrici e fognari, i sistemi centralizzati di distribuzione e di trasmissione per il gas, per l'energia elettrica, per il riscaldamento ed il condizionamento dell'aria, per la ricezione radiotelevisiva e per l'accesso a qualunque altro genere di flusso informativo, anche da satellite o via cavo, e i relativi collegamenti fino al punto di diramazione ai locali di proprietà individuale dei singoli condomini, ovvero, in caso di impianti unitari, fino al punto di utenza, salvo

quanto disposto dalle normative di settore in materia di reti pubbliche.
Nel primo tipo, disciplinato dal codice civile, rientrano i beni comuni necessari per l'esistenza del fabbricato, per cui il suolo, le fondazioni, i muri maestri, i pilastri, le travi portanti, i tetti, i lastrici solari, le scale, i portoni d'ingresso, i vestiboli, gli anditi, i portici, i cortili e le facciate.

Nel secondo tipo, rientrano tutti i beni comuni di pertinenza, ovvero la portineria (anche l'alloggio del custode), la lavanderia, gli stenditoi e i sottotetti destinati all'uso comune.

Nel terzo tipo, rientrano i beni comuni accessori, ossia ascensori, pozzi, cisterne, impianti idrici e fognari, sistemi centralizzati di spartizione e di diffusione per il gas, per l'energia elettrica, per il riscaldamento e il condizionamento dell'aria, per il ricevimento radiotelevisivo (anche da satellite o via cavo).

Secondo l'art. 1118 c. c., il condomino non può rinunciare ai diritti sui beni comuni e non può sottrarsi all'obbligo di contribuire alle spese per la loro manutenzione e conservazione.

Ciascun condomino può servirsi delle cose comuni e può apportare a proprie spese le modifiche necessarie per il miglior godimento del bene, a patto che non ne alteri la destinazione e non impedisca agli altri un pari godimento.

Inoltre, il condomino in questione ha il dovere di non pregiudicare la stabilità, la sicurezza e il decoro dell'edificio condominiale.
L'art. 1118 c.c. stabilisce che il diritto di ciascun condomino sulle parti comuni, salvo che il titolo non disponga altrimenti, è proporzionale al valore dell'unità immobiliare che gli appartiene.

Se invece questo valore non è precisato nel titolo, il diritto spettante a ciascun condomino sulle parti di proprietà comune sarà determinato dal valore dell'unità immobiliare espresso in millesimi.

A tal proposito, capiamo ora quali sono i diritti e i doveri di ciascun condomino sulle parti comuni oggetto di maggior interesse e di più ampio e controverso dibattito: il tetto, il parcheggio per le auto, le scale e il pianerottolo dell'unità abitativa.

Sezione I

Del tetto e il lastrico solare

Tetti e lastricati solari hanno il compito civile di nascondere e coprire l'edificio condominiale, ragion per cui secondo l'art. 1117 del codice civile sono da ritenersi parti comuni a tutti i condomini, anche se aventi diritto ad uso ricorrente del bene.

La distribuzione delle spese per la loro manutenzione, cura e mantenimento spetta a ciascun stabile in misura adeguata al costo dell'immobile.

Tetti e lastricati solari differiscono tra loro sotto il profilo architettonico, il che comporta in casi specifici una diversa dottrina nella spartizione delle spese.

Il tetto è formato da una facciata caratterizzata da uno o più piani inclinati (solitamente tegole, falde o lastre riunite), non attuabile e quindi avente la finalità di copertura dell'immobile.

La pavimentazione stradale solare, invece, è piatto e aperto, dunque accessibile per servizi di beneficio comune (come lo stenditoio per il bucato, ecc.).

L'art. 1126 c.c. prevede una norma per la divisione delle spese delle riparazioni o delle ricostruzioni del rivestimento stradale solare.
Nel momento in cui il suo impiego, completo o limitato, non è frequente a tutti i condomini, coloro che ne hanno l'uso devono partecipare per un terzo della spesa.

Gli altri due terzi sono a carico dei condomini dell'edificio che necessitano del rivestimento stradale solare, in corrispondenza del costo del piano o della frazione di piano di ognuno.

Sezione II

Delle aree destinate al parcheggio

È questo uno dei principali cambiamenti emessi dalla riforma della regolamentazione condominiale, l'inserimento nelle cose comuni delle aree destinate al posteggio.

In tal modo, il legislatore ha voluto salvaguardare il diritto del comproprietario, che per servirsi di tali zone destinate al posto auto non ha più |esigenza di dimostrarne l'appartenenza. Affinché queste aree rientrino nelle cose comuni, occorre che siano soggette all'uso collettivo, ossia collegate alla proprietà condominiale.

Quanto alle tipologie di posteggio condominiale, possono essere|diversi: può trattarsi di box auto, di parcheggi delimitati a strisce o anche di parcheggi liberi.

I tipi di area di sosta del fabbricato dipendono dal loro genere stabilito in fase di costruzione del fabbricato o quando si decida di effettuare nuovi spazi da stabilire ai parcheggi delle vetture o quando si decida di cambiare una parte comune dell'edificio e di destinarla a tale finalità.
Nello specifico, tra le aree destinate al posteggio rientrano anche ilcortile comune e il giardino condominiale.

E se i parcheggi condominiali sono insufficienti le norme giuridiche hanno decretato che, nel caso in cui i parcheggi condominiali non siano capaci di includere nello stesso momento le auto di tutti i condomini, sarà richiesto di scegliere per i turni dei posti auto, così che tutti i condomini possano disporre della cosa comune.

Sezione III

Delle scale e il pianerottolo

aventi ruolo di disporre in comune le varie parti dell'edificio condominiale e di favorirne l'accesso, le scale sono parti comuni ai condomini per tutta la loro espansione.

Se uno stabile è munito di più scale, come nel caso del fabbricato parziale, l'appartenenza dei condomini sarà limitata alle scale di spettanza.

Nella composizione di scale rientrano tutti gli elementi costruttivi necessari a porre in comunicazione le diverse parti del palazzo (come i pianerottoli, i gradini, le ringhiere, i parapetti, i corrimani, l'edificio, il vano scale, e via dicendo) e tutti gli accessori che le completano o le abbelliscono.

Nel caso dei pianerottoli, materia di polemica, la scienza giuridica ha più volte ribadito che anche i pianerottoli all'ultimo piano, che consentono l'accesso ai soli appartamenti qui collocati, sono da ritenersi di genere condominiale, in quanto parte fondamentale delle scale.

In determinate condizioni, anche il pianerottolo può divenire proprietà esclusiva dei condomini.

Capo III

Degli animali domestici in condominio

Il quinto comma dell'art. 1138 prevede che le norme del regolamento condominiale non possono vietare di possedere animali domestici.

La riforma si è espressa a beneficio degli animali domestici nello stabile sostituendo nel testo dell'articolo l'espressione animali da compagnia con quella di animali domestici. Ciononostante, anche dopo tale cambiamento, si pone un problema notevole: tra gli animali domestici non rientrano gli animali esotici, quali i serpenti, non è chiaro se sono da reputarsi tali anche altri animali d'affezione, che spesso non vengono considerati domestici.

La presente norma non vale però per i regolamenti condominiali contrattuali, che come abbiamo già visto possono limitare anche l'esclusivo dominio dei singoli condomini.

Nel presente caso, l'accordo alla proibizione di animali domestici nello stabile, deve essere enunciato| con voto condiviso da tutti.

Un'altra eccezione al diritto di avere in fabbricato animali domestici è il caso in cui questi pregiudichino la salute dei residenti e/o dei proprietari.

Questo è il caso in cui gli animali domestici possono essere allontanati anche con urgente soluzione se la loro presenza genera un inferiore uso delle parti comuni o nel caso di cani che siano dichiarati implicitamente pericolosi dal Ministero.

Titolo III

Della ripartizione dei costi in relazione alle tabelle millesimali

Capo I

Della suddivisione delle spese delle parti comuni condominiali

Il codice civile gestisce le ripartizioni di eventuali ristrutturazioni o mantenimenti delle parti comuni. Abitando in un fabbricato, capita di dover pagare spese che riguardano le parti comuni. Se ciò avviene, si chiede come ripartirle e si sta in difesa per paura di dover incaricarsi di spese che non spetterebbero.

Per non accorrere a particolari rischi, la spartizione delle spese per il mantenimento e la riorganizzazione condominiale è illustrata nel III libro del codice civile al VII titolo dove vi è un completo capo, nominato il fabbricato degli edifici, nel quale vengono regolamentati i rapporti tra i diversi proprietari e l'uso delle parti comuni asservite alle abitazioni.

Bisogna essere a conoscenza che per parti comuni si intende:
- Il terreno su cui vi è il fabbricato e tutte le parti dello stabile destinate ad uso comune come i portoni, le scale, i cortili, i corridoi, ecc.
- Tutti i locali destinati ai servizi comuni quali la portineria o i locali per le caldaie per il riscaldamento centralizzato;
- Tutte le installazioni e le apparecchiature d'uso comune quali

ascensori, fognature, distribuzione del gas, dell'energia e dell'acqua, cavi TV, ecc.
- Tutto quanto non espressamente citato nell'articolo suddetto può essere compreso tra le parti comuni qualora l'assemblea lo stabilisca.

Dunque, le parti comuni sono accessibili ai condomini, i quali possono utilizzarle per usi diversi da quelli previsti solo previo consenso dell'assemblea condominiale.

È bene essere a conoscenza che nessun comproprietario può lasciare i propri diritti sulle parti comuni, né sottrarsi agli obblighi di spesa in caso di deliberazione di interventi straordinari.

La ripartizione delle spese per la cura, mantenimento, salvaguardia e per la fruizione, lo sfruttamento e per l'uso delle parti in comunione dello stabile è regolata dall'articolo 1123 del codice, questo sancisce che, salvo differente intesa, esse devono essere sostenute dai condomini in proporzione al costo dei rispettivi possedimenti.

Se, tali costi sono destinati a servire in misura diversa i condomini, vanno divisi in proporzione dell'uso che ciascuno ne può fare.

Nel dettaglio, ecco quali casi occorre considerare:
- Nel caso di parti comuni a misura uguale da tutti i proprietari, per la spartizione, si fa richiamo alle tabelle millesimali.
- Se si tratta di parti comuni come scale, ascensori che, o per genere o per collocazione, sono utilizzate in formato diverso dai condomini, le spese vengono ripartite per l'uso che ognuno ne può fare.
- Nel caso di parti comuni come cortili, lastrici solari o impianti utilizzabili solo da una parte dei condomini le spese sono divise unicamente tra chi le utilizza traendone beneficio
- Delle parti comuni fanno parte anche i lastrici solari che possono essere di dominio, ad uso di uno dei condomini.
- Nel caso in cui non ci siano condomini che hanno uso del rivestimento solare, la spartizione delle spese viene fatta tra tutti i condomini in base alle spese millesimali.
- Nel caso in cui il rivestimento solare è di dominio o di uso di uno o

più condomini, questi saranno tenuti ad accordare un terzo delle spese intanto che i restanti due terzi verranno divisi tra i proprietari delle unità immobiliari site nella perpendicolare dell'area coperta dal rivestimento solare sopraindicato, compresi gli stessi proprietari che hanno in uso o in dominio il rivestimento solare, nel caso che le abitazioni si trovino sotto il rivestimento.

- Caso differente per le spese relative ai tetti; Nel presente caso, tutti i condomini vengono considerati proprietari e sono tenuti a versare le spese di mantenimento, ogni volta con richiamo alle tabelle.

Quando si parla di una parte di tetto che si trova solo in una parte dell'edificio, in questa occasione i costi spettano ai proprietari che si trovano sulla perpendicolare del tetto su cui si deve effettuare l'intervento.

Il possedimento di solai, soffitti e volte che separano due appartamenti è divisa tra i proprietari dei due appartamenti, per cui ognuno è tenuto a sostenere, in parti uguali, le spese utili ai relativi lavori per tali strutture.

Le spese dei lavori di ripristino dei pavimenti sono a carico dell'intestatario soprastante, invece per la ristrutturazione dei soffitti le spese sono a carico del possessore del piano sottoposto.

Per la ripartizione delle spese relative alla manutenzione delle scale si segue il sistema per cui:
- metà del costo dell'intervento viene diviso tenendo conto dei millesimi di proprietà di ciascun residente;
- l'altra metà del costo dell'intervento viene diviso in base all'altezza di ciascun piano dal suolo, secondo il criterio d'utilizzo che ciascun condomino può adoperare.

Qualsiasi spesa venga acconsentita dalla maggioranza, in sede d'assemblea, deve essere sostenuta anche da eventuali condomini in disaccordo che dovranno partecipare alla loro quota rispettiva, non potendosi sottrarre in nessun caso.

Nel caso in cui non vi è un corrispettivo versamento delle spese condominiali per un periodo che supera i sei mesi, l'amministratore può interrompere l'uso dei servizi comuni, di cui sia fattibile lo sfruttamento diviso al comproprietario debitore, tramite le azioni sugli impianti, anche se da eseguirsi dentro la proprietà privata dello stesso.

Capo II

Della ripartizione dei costi in relazione alle tabelle millesimali

I costi per quanto riguarda l'amministrazione dei beni condominiali si dividono in spese ordinarie e straordinarie e vanno ripartite tra i condomini sulla base dei criteri contenuti nel regolamento condominiale o, in assenza, in base alle norme del codice civile.

Il riparto delle spese va sancito dall'assemblea diventando obbligatorio per i singoli condomini, a parte il caso in cui venga emessa la cancellazione della delibera a seguito di impugnazione.

I comproprietari devono provvedere alla spesa per la gestione, la conservazione, la manutenzione e l'utilizzo dei beni condominiali.

Le spese vengono generalmente divise in due grandi categorie:
- spese ordinarie;
- spese straordinarie.

Vengono chiamate spese ordinarie quelle che, annualmente, sono necessarie per la gestione dei servizi comuni (pulizia delle scale, riscaldamento, ecc.). Sono invece considerate spese straordinarie quelle relative agli interventi occasionali (es. la sostituzione della caldaia, il rifacimento del tetto,ecc.).

Sezione I

Dei criteri di ripartizione

Il frazionamento delle spese viene effettuato in relazione ad alcuni criteri, stabiliti dalla legge, generali o previsti per particolari tipi di lavori.

Per il frazionamento delle spese è fondamentale fare richiamo alle disposizioni contenute nel regolamento di condominio.

Per cui, è usuale che il regolamento contenga delle specifiche tabelle da usufruire per dividere alcune spese senza controllare i millesimi come accade, per esempio, sulle spese di riscaldamento per cui il sistema non tiene conto dei millesimi ma dei metri cubi riscaldati.

Quando il regolamento non ha norme nei confronti di determinati casi, si applicheranno i due criteri citati dall'art. 1123 del codice civile:

- Il primo criterio: di origine generale, prevede che le spese vadano divise in attinenza al prezzo di ciascuna proprietà.
- Il secondo criterio: si ha nel momento in cui alcuni beni vengono utilizzati diversamente da parte dei condomini perciò le spese vengono suddivise in corrispondenza alla capacità che ciascun comproprietario ha adoperato.

Sezione II

Dei casi particolari nella ripartizione dei costi

La legge stabilisce dei criteri di riparto differenti a seconda del genere delle spese che è doveroso analizzare uno a uno.

a) Scale e ascensori:
Le spese per la cura, la gestione e il mantenimento di scale e ascensori va divisa tra le unità immobiliari che da essi sono serviti.
La spesa si divide:
per metà in relazione ai millesimi di proprietà.
per la restante metà, in misura proporzionale all'altezza di ciascun piano dal suolo.
Si considerano come "piano" anche cantine, soffitte, camere a tetto e lastrici solari (se non sono di proprietà comune).

b) Solette divisorie:
Le spese per il mantenimento delle solette divisorie (cioè delle strutture intermedie che dividono in livelli il fabbricato) sono ripartite in modo equivalente tra i proprietari dei due piani interessati.
La norma, infatti, si basa sul principio per il quale la soletta è comune ai

due piani.

Per cui, le spese di manutenzione verranno divise tra i due proprietari al 50% e se i due piani sono di proprietà di più soggetti la quota dovrà essere divisa tra di essi in proporzione al valore delle singole proprietà.
Resteranno a carico:
del proprietario del piano superiore: le spese per la pavimentazione.
del proprietario del piano inferiore: le spese di tinteggiatura.

c) I lastrici solari di uso esclusivo:
La norma (stabilita dall'art. 1126 del codice civile) si applica quando il lastrico solare non è comune a tutti.
In tal caso, le spese si dividono nella misura di 1/3 a carico dei soggetti che ne hanno l'uso esclusivo (se più di uno l'importo dovrà essere ripartito in relazione ai millesimi di ciascuno) e 2/3 a carico dei condomini dell'edificio (o della sua parte) servito dal lastrico solare in proporzione al valore del piano (o della porzione di piano di ciascuno).
Questa norma si basa sul principio per il quale la divisione delle spese deve tenere conto sia del diritto di uso esclusivo sia della funzione di copertura che questo lastrico ha per l'intero edificio (o in parte).

Sezione III

Del riparto delle spese e la sua impugnazione

Il riparto delle spese viene ratificato dall'assemblea condominiale a favore dell'esame di uno schema predisposto dall'amministratore.

Questo intervento può avvenire in sede di preventivo di spesa: dove l'amministratore presenta lo schema delle spese di cui si preventiva l'esigenza calcolandone l'importo sulla base di criteri dell'esame delle precedenti gestioni (per esempio, per le spese di riscaldamento utilizzando un carburante conforme al precedente anno) o sulla base di preventivi di spesa (ad esempio, i preventivi delle imprese che devono fare degli interventi).

In sede di consuntivo: quando l'amministrazione può presentare i conti definitivi di ciascun servizio o intervento, annualmente.

L'approvazione del riparto delle spese avviene con l'ordinaria maggioranza prevista per le deliberazioni dell'assemblea. Contro tale deliberazione i condomini potranno presentare apposita impugnazione qualora ritengano che la ripartizione non si attiene alle norme indicate nel regolamento del condominio.

Sezione IV

Dei condomini morosi

Appena approvata la divisione delle spese, i condomini devono versare le somme indicate nello schema.

Se ciò non avviene i condomini si rendono morosi e l'amministratore è costretto al recupero crediti entro 6 mesi:
- dalla scadenza del debito;
- dalla chiusura dell'esercizio.

Si rende responsabile l'assemblea che può scegliere di revocarlo.

In questa circostanza l'amministratore:
- può operare senza l'autorizzazione dell'assemblea e ottenere un'ingiunzione di pagamento immediatamente esecutiva (ciò significa che il condomino moroso deve comunque cominciare a versare quanto dovuto);
- può sospendere l'erogazione dei servizi con riferimento ai condomini che non sono in regola con i pagamenti se la situazione di irregolarità si protrae per più di un semestre;
- è tenuto a comunicare ai terzi creditori (si pensi ad esempio alla società che eroga il servizio di riscaldamento) i riferimenti dei condomini morosi perché il terzo possa attivarsi direttamente contro il condomino per ottenere il pagamento (va precisato che i terzi creditori non potranno comunque richiedere il pagamento ai condomini in regola se non dopo avere tentato di ottenere la somma dai condomini morosi).

Se un condomino ceda la propria unità immobiliare, l'acquirente sarà tenuto al pagamento delle spese relative all'anno in corso e precedente, con facoltà di recuperare dal precedente proprietario quanto pagato.

Dott. Piero Antonio Esposito

A.I.A.S.
Associazione Italiana Amministratori Superiori
Corso di Porta Vittoria, 7

Dott. Piero Antonio Esposito

20122 Milano
www.aiasitalia.com

Dott. Piero Antonio Esposito